Freier Glaube

- *Gedanken über Zweifel, Fragen und Widersprüche des Christseins*

Inhaltsverzeichnis

Vorwort

Liebe Leser,

viele Menschen ringen heute mit ihrem Glauben. Sie sind nicht sicher, wie sie mit Zweifeln, Fragen und Widersprüchen umgehen sollen, die sich zwischen der kirchlichen Lehrmeinung und den persönlichen Überzeugungen auftun.

Ist denn Jesus nun wirklich auferstanden? War Maria eine Jungfrau, als sie Christus als den Sohn Gottes empfing? Wie halten wir es mit dem menschlich verursachten Bösen, das in die Welt gebracht wird – wo war Gott denn da? Und warum haben wir den Eindruck, er ließe diese großen Ungerechtigkeiten auf Erden einfach zu, ohne sich einzumischen?

Auf viele dieser Einwände habe auch ich nicht die adäquaten Antworten. Doch ich bin überzeugt, dass sowohl die Bibel, als auch der persönliche Glaube uns die Freiheit zur Interpretation geben, uns abweichen lassen von dem, was uns Obrigkeiten vorpredigen – und uns eine eigene Exegese erlauben.

Oftmals hören wir heutzutage den Vorwurf, jeder würde sich sein Bekenntnis nach Wunsch zusammenstellen. „Patchwork“ sozusagen, was den Glauben betrifft. Doch zwischen Willkür und eigenständigem Denken gibt es einen Unterschied. Wir verlassen gewisse Prinzipien nicht, sondern haben ein gemeinsames Fundament, von dem aus wir im Ringen um eine individuelle Überzeugung die Unabhängigkeit von einer zementierten, allmächtigen und alleinigen Auslegung genießen. Nicht beliebig geht es dabei zu, sondern auf der Grundlage dessen, was wir mit Gewissen, Vernunft und Neugier vereinbaren können. Denn der Mensch scheint nicht für einen blinden Glauben geschaffen, dazu ist er zu arg an seiner Hirnleistung orientiert, die ihm immer wieder neu auferlegt, Einstellungen, Denkweisen und Weltanschauungen auf ihre wirkliche Konsistenz zu überprüfen.

Das habe ich im vorliegenden Büchlein getan, an einigen ausgewählten Exempeln, die uns im christlichen Glauben immer wieder über den Weg laufen. Dabei habe ich versucht, meine Offenheit im Mühen nicht zu einer Wahllosigkeit verkommen zu lassen.

Das Buch soll anregen, Sie zu einem mündigen Gläubigen werden zu lassen, der nicht dem Strom hinterher schwimmt, nur, weil es die Mehrheit eben so tut. Sondern weil Sie sich Gedanken gemacht haben, was Sie mit Ihrem Gottesbild, mit Ihrem Glauben in Einklang bringen können.

In der Freiheit von Glaube und Gewissen steht es uns zu, Frömmigkeit auch dann zu bewahren, wenn wir unsere Überzeugung passgenau auf das zuschneiden, was wir zu denken, zu hoffen, zu erbitten bereit sind.

Lassen Sie sich Ihre Beherztheit dabei nicht nehmen und kommen Sie bei Interesse gern mit mir ins Gespräch über das, was ich im Folgenden niedergeschrieben habe. Ich freue mich über Ihre Mail unter riehle@riehle-dennis.de!

Viel Freude bei der Lektüre und
herzliche Grüße

Dennis Riehle

Gott liebt uns gerade dann, wenn er nicht eingreift...

Es war wieder einmal ein solcher Moment, der mit vielen zuvor vergleichbar war. Wir saßen entsetzt vor den Fernsehbildschirmen und wurden ungläubig über das, was ein Mensch dort angerichtet haben sollte: In Las Vegas schoss ein Waffenvernarrter am 1. Oktober 2017 auf unzählige Besucher eines Konzerts. Dutzende starben oder wurden verletzt. Präsident Donald Trump hat anschließend um Gottes Beistand für die Opfer und die Hinterbliebenen des Massakers gebeten. Er hoffe auf Gnade für die Verstorbenen, aber auch darauf, dass die Gebete für die Angehörigen erhört würden. So oder so ähnlich äußerte sich der Präsident der USA dieses Mal, aber bereits in der Vergangenheit. Doch selten hatte man eine derartige „Predigt“ als direkte Ansprache an das amerikanische Volk von ihm gehört.

Ja, man weiß um die enge Verbindung Trumps gerade mit dem evangelikalen Spektrum der Christen, doch was hat es tatsächlich auf sich, wenn Trump in so schweren Zeiten nach einer menschgemachten Tragödie ungeahnten Ausmaßes mit Gottes Zuwendung argumentiert?

Ist es Balsam auf die Seele derer, die danach lechzen, im Präsidenten eine gottesgleiche Figur der Erlösung erkennen zu wollen? Sind es leere Worthülsen, die zwar pathetisch klingen mögen, die Dramatik der Lage aber nicht erfassen und statt Trost zu geben noch mehr Gräben aufreißen? Oder geht es nicht einfach um die laxen Waffengesetze, die man nun in Frage stellen sollte? Und nicht zuletzt:

Warum muss denn überhaupt ein Gott dafür einstehen, wenn ein offenbar recht isolierter älterer Mann mit tiefster Präzision ein Blutbad vorbereitet, womöglich aus Verbitterung, aus Wut, aus Verzweiflung, vielleicht über Schulden, über die Gesellschaft, über den Luxus, das durch nichts zu rechtfertigen ist, für das der Schütze allein die Last trägt, die er nun über hunderte Menschen gebracht hat, die trauern, die ihre Wunden auskurieren und die sich nicht mehr auf die Straße wagen, weil sie das Vertrauen in die Öffentlichkeit verloren haben?

„Unfriede herrscht auf der Erde“, so dichtete 1977 Zofia Jasnota und verwies darauf, dass wir es sind, die viel von dem Leid, das wir ertragen müssen, selbst verschuldet haben. Warum lässt Gott das zu, fragen sich Gläubige in aller Welt, wenn sie sprachlos vor den Bildern sitzen, die aus Nevada kommen und fassungslos zurücklassen, weil niemand begreifen kann, wie eine einzelne Person derartige Grenzen zu überschreiten vermag, keinerlei Skrupel mehr zu empfinden scheint – und wir, wir rufen nach Gott, denn nahezu beschämt werden wir ganz klein nach solchen Nachrichten, spüren wir doch auch, dass es eben nicht die höhere Macht ist, die in diesem Moment herangezogen werden und auf die man seine Verärgerung abladen kann. „In jedem Menschen selbst herrschen Unrast und Unruh‘ ohne Ende“, heißt es in Strophe 2 des Kirchenliedes, die etwas Wahres in sich trägt. Nein, nicht, dass jeder von uns zum Massenmörder würde, doch dass wir als intelligente Lebewesen zu Handlungen in der Lage sind, ganz generell, die uns im Nachhinein erschüttert über unsere eigene Spezies sein lassen, das ist keine wirkliche Neuigkeit.

Jasnota hofft auf den Frieden Gottes, „nicht so, wie ihn die Welt euch gibt“, so lautet es im Kehrvers. Die Zuversicht darauf, dass Gott solche Taten zwar nicht verhindert, aber zumindest beisteht, wenn es darum geht, nun zusammen zu halten und zu erkennen, dass wir selbst in den Augenblicken größter Not nicht alleine sind, sondern dass wir Blut spenden, einen Verwundeten in unserem Auto ins Krankenhaus fahren, eine Kerze anzünden, innehalten und uns an den Händen nehmen, um zu verarbeiten, was einer von uns da angerichtet hat, diese Hoffnung ist begründet. Denn sie fußt auf der Vision, dass wir mündige Wesen sind, die ein Gott nicht länger vor den eigenen Fehltritten schützen muss. Glaubten wir einem strengen Theismus, dann müssten wir wahrlich fragen, ob Gottes Allmacht denn nicht groß genug ist, um Vorkommnisse wie das in Las Vegas zu verhindern.

Die Vorstellung, dass Gott unsere Hirne lenkt und uns von Ideen abbringt, die beim Attentäter aus den USA nun offenbar bis zur Gänze gereift und dann in die Realität umgesetzt wurden, das ist gleichsam eine merkwürdige Ansicht über die Größe eines Schöpfers, der seine Ebenbilder ja eigentlich in die Freiheit entlassen hat, wie die Schrift im Römerbrief, Kapitel 6, Vers 7, oder im 1. Korintherbrief bei Kapitel 9, Vers 19 sagt.

Ernst Hansen übersetzte 1970 das Lied „Herr, deine Liebe ist wie Gras und Ufer“ ins Deutsche. In Strophe 1 verweist der Titel mit der Zeile „Frei sind wir, ja zu sagen oder nein“ auf die neutestamentarische Botschaft des vernünftigen Christenmenschen, der im Mittelpunkt Luthers Reformation steht. Gott will nicht bevormunden – und er praktiziert diese Zurückhaltung gnadenlos. Im wahrsten Sinne des Wortes – denn in der Konsequenz greift er auch bei den schlimmsten Fehltritten nicht ein, die die Menschen begehen. Wie aber soll das Liebe sein, fragt sich der Außenstehende, der mit der Wahnsinnstat von Las Vegas auch die Gottesfrage an sich stellt:

Wofür braucht es diesen Herrscher denn überhaupt, wenn er gerade dann nicht da ist, wenn man ihn bräuchte? Zurückfragen muss man an dieser Stelle: War Gott wirklich nicht da, als die Schüsse auf das Konzertgelände fielen? Als die unzähligen Salven zu hören waren und die Menschen sich gegenseitig zu Boden rissen, um irgendwie geschützt zu sein vor dem Kugelhagel? Man muss eine strenge Theologie, eine kerzengerade Exegese verfolgen, wenn man die Logik durchhalten möchte, wonach Gott sich den Menschen gerade dadurch offenbart, dass er nicht eingreift in den Momenten, in denen wir auf ihn angewiesen wären.

Er lässt die Menschen ihre Sünden ausbaden. Und das nicht, weil er herzlos ist. Sondern weil er deutlich machen will, dass die Freiheit des Christenmenschen so weit geht, dass Gott uns zutraut, diese Welt nach unserem Ermessen und mit unserer Tragweite auch ohne seine Hilfe hinreichend selbst zu gestalten und zu lenken. Ja, wenn wir frei sein möchten, dann bedarf es dafür auch einer gewissen Entschiedenheit.

Dann können wir Gott nicht dafür verantwortlich machen, was wir selbst anstellen, aber wir dürfen, ja, wir müssen ihn sogar um sein Erbarmen bitten, um aus dem zu lernen, was wir an Tragik und Traurigkeit vorfinden. Wer A will, muss auch B sagen. Für uns ist die Watte nicht vorgesehen, in der wir uns ein Leben lang einkuscheln können, wie es vielleicht in unseren ersten Jahren auf dieser Erde möglich ist. Denn wir sind auf den Boden der Tatsachen gestellt, um Eigenverantwortung zu üben. Das wird schon im Garten Eden deutlich. Wer Anderes möchte, der glaubt an den netten, alten Mann mit Rauschebart auf der Wolke. Auch dieses Bild ist zulässig, vielleicht hilft es uns gar, wenn wir in solchen Tagen wie nach Las Vegas nicht wissen, wohin mit all dem Schmerz. Doch für die Wirklichkeit wäre es eine Ausflucht zu denken, wir könnten uns allzeit auf einen „Airbag“ stützen, der uns eben nicht erwachsen werden lässt.

Denn wie oft wollen wir unsere Kleinsten per Kindersicherung davor bewahren, sich Brandblasen an der heißen Herdplatte einzufangen, bis sie schließlich zur eigenen

Erkenntnis gelangen, dass Feuer auch gefährlich sein kann? Ja, die Menschen scheinen offenkundig allzu naiv in ihrer Überzeugung von sich selbst. Doch sie müssen eingestehen, dass in einer Welt der Gemeinschaft auch viel Leiden entstehen kann. Und dass dieses nicht per se schlecht sein muss, auch wenn wir uns fragen, welche Ausmaße Gewalt und Terror noch annehmen können. Denn wer hinfällt, der muss auch herausfinden, wie das Aufrichten gelingt.

Diese Herausforderung ist nicht nur lebensnotwendig, sie ist auch eine Bereicherung in all der Verbitterung und dem Aufschreien inmitten von Las Vegas und weit darüber hinaus. Immerhin lässt sie uns kraftvoll und abweisend werden für manch Katastrophe, auf die wir keinen Einfluss haben. Sie hilft uns, gewappnet zu sein für das Umgehen mit der eigenen, kleinen Welt an Schicksalen, aber auch mit den großen Einschlägen, vor denen wir auch in Zukunft nicht sicher sein werden. Dass wir nach den Szenen wie aus einem Horrorfilm nicht verzagt haben, sondern im Gebet füreinander eingestanden sind, ist eine der Offenbarungen Gottes, die deutlich machen: Er ist da! In den Gesten des Trostes, in der Nächstenliebe nach den vielen Schüssen, in jedem guten Wort, dass wir den Verletzten und Angehörigen spenden. Denn das ist der Unterschied zu denen, die Gottes Existenz in solchen Augenblicken am liebsten in Frage stellen möchten: Er lässt uns nicht liegen, wir bleiben bei ihm nicht auf dem Boden zurück, sondern er gibt uns Kraft, um für uns und unser Gegenüber da zu sein.

Nur so können wir umgehen mit den Schrecken von Nevada. Jasnota führt zudem an, Gott möge „uns selber den Frieden" geben. Damit ist viel gesagt. Wir müssen bei uns beginnen, wenn wir solche Bilder wie die in Las Vegas verhindern möchten. Denn keiner ist geschützt vor einer ausweglosen Situation, in der wir auf dumme Gedanken kommen. Die müssen bei weitem nicht derart grausam sein wie die des Mörders in den USA. Und doch ist Gottes Appell in diesen Stunden eindeutig: Sorgt mehr füreinander! Achtet auf euch und auf euren Nachbarn. Isoliert niemanden und lasst keinen zurück in seinem Elend, in seinem

Tunnel und seiner Einbahnstraße aus Armut, Verlusten oder psychischer Verirrung. Gott hilft uns dabei, indem er uns Perspektiven vermittelt. Weisheit und Mut gibt er uns, das hat Irmgard Spiecker 1980 gedichtet. Mut, um Liebe zu schenken, so heißt es in der dritten Strophe. Sie brauchen wir heute mehr denn je. Weisheit für „die vielen kleinen Schritte“ (Strophe 4), die beispielsweise nötig sind, um das verkraften zu können, was der 64-Jährige hinterlassen hatte. Es ist Umsicht gefragt, auch wenn wir in uns einen tiefen Groll hegen. Wir brauchen Mut, um „die Not um uns zu sehen“ (Strophe 2), damit künftig weniger Menschen in eine Situation kommen, in der sie jeglichen Verstand verlieren. Es sind nicht die großen Worte und populistischen Gesten, die Raum finden dürfen. Wir sollen für die Wahrheit einstehen, heißt es in Strophe 2. Und zu ihr gehört es auch, uns selbst an der Nase zu fassen. Nicht, weil wir lebensmüde sind, im Gegenteil... – weil uns Gott in die Welt gestellt hat, um Verantwortung zu übernehmen.

Leiden, um wieder aufstehen zu können...

Die Erde bebt, der Hurrikan naht, der Vulkan bricht aus. Wir fragen in solchen Stunden immer wieder: Gott, warum hast du uns nicht beigestanden, weshalb bewahrst du uns nicht vor dem Leiden? Wir mögen noch verstehen, wenn menschgemachtes Böses in unsere Welt eingreift, dann war es einer von uns, den wir beschuldigen können. Doch was tun wir, wenn wir alle frei sind von Verantwortung, wenn wir unschuldig erscheinen gegenüber den Gewalten, die du uns schickst? Weshalb musst du uns derart bestrafen, ist es die Sündhaftigkeit, für die du uns bezahlen lässt?

Blicken wir in den 2. Korintherbrief 1,3f., so entdecken wir eine mögliche Erklärung, weshalb Gott uns immer wieder prüft, warum er uns vor Aufgaben und Herausforderungen stellt, die so schwer zu bewältigen sind, die ungerecht und übertrieben wirken. Dort steht: „Gelobt sei Gott, [...] der uns tröstet in aller unserer Trübsal, damit wir auch trösten können, die in allerlei Trübsal sind“.

Trösten ist eine wichtige Eigenschaft, die es zu erlernen gilt. Wie oft brauchen wir den Trost auch in unserem eigenen Leben, wenn wir etwas falsch gemacht haben, wenn wir enttäuscht wurden, wenn wir nicht das erreicht haben, was wir uns vorgestellt hatten? Das Leiden steht nicht allein in dieser Welt. Ihm gegenüber ist der Trost, den wir als Menschen praktizieren können, wenn wir sehen, dass er benötigt wird.

Um ihn zu „trainieren", fügt Gott uns immer wieder Schmerz zu. Das ist nur schwer zu verstehen, denn wäre es nicht auch anders möglich, könnten wir nicht auch durch weniger Leid zum „Tröster" werden? Ich bin sicher, ein richtiger Trostspender sind wir erst dann, wenn wir selbst einmal erfahren haben, wie es sich anfühlt, in einer schwierigen Situation Beistand zu erhoffen, wenn wir in größter Not auf Menschen setzen, die uns am Arm nehmen und die uns wieder helfen, aufzustehen. Diese Erfahrung könnten wir kaum machen, wären wir nicht zuvor ernstlich und ehrlich in die Tiefen des Daseins abgestürzt – in das Böse oder eben in das Leid, das Gott uns aus gutem Grunde auferlegt.

Man könnte sagen, Leiden sei zweckgebunden. Es erfüllt ein Ziel, nämlich das Erlebnis, unten anzukommen. Gott möchte, dass wir selbst spüren, wie hoffnungsvoll, barmherzig und auch gnädig es ist, wenn wir die Täler überwinden und zurückkehren in das Hier und Jetzt. Welche Last von uns fallen kann, wenn wir die Talsohle durchschritten haben und wieder neues Licht am Horizont erkennen. Wie anders wäre es denkbar, dies wahrhaftig zu durchlaufen, wenn uns nicht reale Anforderungen des Leidens gestellt würden? Nicht, um uns zu strafen oder zu prüfen, sondern dass wir erspüren und erkennen, wie der mündige Gottessohn in Freiheit zu trösten in der Lage ist.

„Der Gott aller Gnade aber […] wird euch, die ihr eine kleine Zeit leidet, aufrichten, stärken, kräftigen, gründen", steht im 1. Petrusbrief 5,10. Welchen Sinn soll es also haben, wenn wir leiden? Nicht, weil wir die Grenzen unserer menschlichen Wehrhaftigkeit erkennen müssen, sondern weil wir im Keller gefangen sind, wo Gott uns zunächst scheinbar allein gelassen hat.

Doch genau hier tun wir ihm mindestens so viel Unrecht wie jenes, das wir wahrnehmen, wenn er uns die Fluten, das Feuer oder das Zittern schickt. Denn hat er uns nicht angeleitet, zu helfen, aufzurichten, wieder neu zu stärken, zu erden, wenn alles unter uns wackelt und wir wahrhaftig meinen, die Erde bräche unter uns zusammen? Solidarität und Mitmenschlichkeit, das ist sein Mittel gegen das Leiden, das über uns Menschen kommt.

In der Psychotherapie lernen wir, Ängste durchstehen zu müssen, um daraus die Erkenntnis zu ziehen, dass wir stark genug sind, auch die schlimmsten Vorstellungen, Befürchtungen und Zustände überwinden zu können. Nicht anders ergeht es uns mit all dem Übel, das die Welt heimsucht, von dem wir getroffen daniederliegen – bis Gott uns Menschen schenkt, die die Häuser leerpumpen, die Flammen bekämpfen und unter dem Schutt nach uns suchen. Nein, nicht immer gelingt dieses Experiment. Und es hat einen hohen Preis, wenn wir durch das Übel entdecken sollen, was „Aufrichten“ bedeutet.

Leiderfahrungen - 1. Petrus beschreibt sie auch in Kapitel 4,1: „Weil nun Christus im Fleisch gelitten hat, so wappnet euch auch mit demselben Sinn; denn wer im Fleisch gelitten hat, der hat Ruhe vor der Sünde“. Das Durchgehen durch das Leid, es kräftigt uns vor jeder neuen Sünde. Es macht uns immun und baut ein Schutzschild um uns auf. So, wie wir Krankheiten als Schicksal erleben, so können wir sie annehmen als eine Versuchung zum Durchhalten. Denn aus jedem Loch kehren wir umso gestärkter hervor, je tiefer es war. Wir wissen, wie es sich anfühlt, Leiden zu verkraften. Und so können wir mitgehen mit denen, die in ähnlicher Traurigkeit und Perspektivlosigkeit verharren.

Leid schafft neue Sensibilität. Denn nur durch das Wissen darum, wie schwer die Gewichte, das Kreuz, uns herunterziehen können, lässt uns empathisch werden für die Schilderungen des Übels, das Anderen widerfahren ist. Galater 6,2 besagt: „Einer trage des andern Last, so werdet ihr das Gesetz Christi erfüllen“. Humanität ist der Anker in allem Leid.

Durch die Zusicherung Gottes, dass er uns Menschen an die Seite stellt, wenn wir nach Hilfe rufen, können wir ertragen, was an Niederdrückendem auf uns liegt. Gemeinsam haben wir Kraft, in der wechselseitigen Ermutigung auch die Hürde zu meistern, die uns eigentlich so unerreichbar scheint. Nicht immer sind es die großen Eingriffe im Leiden, die uns auf Gottes Gegenwart aufmerksam machen. Es sind auch manchmal nur die kleinen Worte, die uns geistig und geistlich wachsen lassen für das, was der Herr noch mit uns vorhat.

Drastisch schildert es Matthäus 10,38: „Und wer nicht sein Kreuz auf sich nimmt und folgt mir nach, der ist meiner nicht wert“. Gott setzt seinen Sohn Christus als Beispiel voran, dass Leiden zum Leben dazugehört. Nicht aus Beliebigkeit heraus, um uns zu martern. Sondern aus der Überzeugung, dass wir nach der durchlittenen Zeit neues Leben haben. Gott will uns nicht leiden lassen, damit wir den Tod sehen müssen. In Vers 39 erklärt er viel eher, „Wer sein leben findet, der wird’s verlieren; und wer sein Leben verliert um meinetwillen, der wird’s finden“.

Wir wollen nicht leiden, weil wir um unser Leben fürchten. Wir denken, Gott trachte uns nach unserem Leben, wenn er Winde schickt, Wasser steigen lässt und Seuchen über uns kommen. Dabei ermutigt er uns, von dieser ständigen Bedrängung loszulassen und die Hoffnung und das Vertrauen auf ihn zu richten. Denn wer sein Leben in die Hände Gottes gibt, der wird das wahre Leben auch empfangen. Denn der profitiert von der Freiheit, die er bekommt, ab dem Moment, in welchem Gott für uns das Ruder übernimmt.

Wir sind mündige Menschen – und doch dürfen wir uns gerade in der Not nicht allzu sehr am Materiellen, am Existenziellen klammern, sondern die Zuversicht an uns heften, dass es gut gehen wird. Legen wir in den Augenblicken, in denen uns alle Stricke zu reißen drohen, das Heft des Handelns ab in Gottes Hand. Dann wird er uns als Belohnung dafür, dass wir mit ihm und seinen Zeichen, mit unseren Mitmenschen und ihren Gesten und Taten, das Kreuz getragen haben wie sein Sohn, ein neues Gefühl schenken, das uns frei macht und das uns für das nächste Mal noch stärker werden lässt. Denn auch wir sind seine Werkzeuge, um im Leiden zu helfen.

„Denn dazu seid ihr berufen, da auch Christus gelitten hat für euch und euch ein Vorbild hinterlassen, dass ihr sollt nachfolgen seinen Fußstapfen", fasst es 1. Petrus 2,21 zusammen. Ducken wir uns nicht weg und machen wir nicht verantwortlich für das Leiden, das uns geschickt wird auf Erden. Sondern nehmen wir es an, als Übung des Lebens, um Tröster zu sein und Trost zu empfangen – um Vertrauen zu gewinnen, um Kraft zu erlangen, in uns, in unsere Nächsten, in Gott selbst.

Gottes Gerechtigkeit ist eine ganz andere...

Ist Gott wirklich gerecht? Abseits von der so häufig formulierten Theodizée-Frage stellt sich gerade im Angesichts von Armut und übermäßigem Wohlstand der Eindruck ein, als ginge die Schere von Arm und Reich in der Welt immer weiter auseinander. Doch kann Gott daran etwas ändern? Oder ist es nicht viel mehr hausgemacht, was wir da erleben an Extremen zwischen denen, die in Geld und Vermögen schwimmen – und jenen, die nicht einmal genug Wasser und Nahrung zum Überleben haben? Kann Gott wirklich zusehen, wenn in Afrika Kinder verhungern? Immer wieder werden solche hilflosen Worte laut, wenn wir die Tatsache erkennen müssen: Offenbar bleibt Gott tatenlos ob der zum Himmel schreienden Ungerechtigkeit auf Erden.

Aus der Bibel könnte man bereits manchen Vers entnehmen, der so auch in politischen Programmen der Parteien von heute zu entdecken wäre, wenn es um Leistungsgerechtigkeit geht: „Der einem jeden geben wird nach seinen Werken“, meint der Römerbrief in Kapitel 2, Vers 6.

Tun arme Menschen einfach zu wenig, um ebenfalls ein Leben in Fülle zu erreichen? Sind ihre Werke zu gering, damit auch ihnen Wohlstand zuteilwerde? Und macht es sich die „Heilige Schrift“ an dieser Stelle nicht ein bisschen zu einfach, wenn sie nicht einmal berücksichtigt, dass mancherorts auf der Welt Rohstoffe fehlen, Klimakatstrophen herrschen oder Kriege davon abhalten, dass sozialer Aufstieg, dass wirtschaftliche Kraft überhaupt möglich wäre?

Tatsächlich muss man die Zeile aus dem Römerbrief wohl eher rhetorisch verstehen, als eine Provokation an die, die exakt nach einem solchen Denken leben. Denn wer egoistisch und allein auf sein Tun besonnen handelt, nach Macht, Reichtum und Ansehen jagt, der ist in Gottes Augen ein Frevler. Nach Psalm 37,28 wird aber gerade diese Gesinnung ausgerottet werden. Die Bibel verweist auf ein anderes Leben, auf einen Neubeginn. Doch was nutzt das denen, die heute unter der Ungerechtigkeit der Welt leiden müssen? „Denn was der Mensch sät, das wird er ernten“ (Galater 6,7). Warm anziehen müssen sich die, die sich nicht um die Gerechtigkeit geschert haben. Denn das Ergebnis ihrer Arbeit wird offenkundig: „Unrecht Gut hilft nicht; aber Gerechtigkeit errettet vom Tode“, formuliert es Sprüche 10,2. Doch was hat das zu bedeuten, dass wir dem Tod entkommen können, wenn wir uns nur um Gerechtigkeit kümmern?

Wir alle bemühen uns, unser eigenes Leben auf die Reihe zu bekommen. Narzisstisch angehaucht scheint jeder ein Stück weit, verständlich. Denn auf dieser einen Erde versucht jeder, das Beste aus dem zu machen, was ihm mit der Geburt geschenkt wurde. „Einen jeglichen dünkt sein Weg recht, aber der Herr prüft die Herzen“, so sagt es Sprüche 21,2. Wir schauen nur selten nach links und rechts, lassen die liegen, die dort in Armut kauern und wimmern: Wir denken, jeder sei für sich und sein Leben selbst verantwortlich. Doch hat sich Gott unser Miteinander so vorgestellt? Offenbar nicht. Denn er wird „die Herzen prüfen“, man könnte auch sagen, auf „Herz und Nieren“ werden wir geprüft, es wird ernst, wenn wir uns erst einmal rechtfertigen müssen, dafür, dass wir nur auf uns geblickt haben.

„Recht und Gerechtigkeit tun ist dem Herrn lieber als Opfer“, auch hier machen die Sprüche in Kapitel 21, Vers 3 deutlich, dass es die Ehrlichkeit sein wird, die siegt. Wenn wir ehrlich sind mit uns und uns aufrichtig fragen, ob wir genug dafür getan haben, dass wir alle auf diesem Planeten nicht hungern und dürsten müssen, sondern von dem Vielen, was da ist, alle etwas abbekommen mögen. „Trachtet zuerst nach dem Reich Gottes und nach seiner Gerechtigkeit, so wird euch das alles zufallen“, sagt Matthäus in Kapitel 6, Vers 33. Alles läuft darauf hinaus, dass Gott unter „Gerechtigkeit“ etwas ganz Anderes versteht als wir. „Jagt allezeit dem Guten nach, füreinander und für jedermann“ (1. Thessalonicher 5,15). Das Gute ist es, was Gerechtigkeit bringt. Es ist nicht allein das Materielle, mit dem Gott sich in diese Welt einmischt. Denn dafür sind wir wahrlich selbst zuständig.

Aber er ermahnt uns: Sollten wir nicht wahrhaftig darum besorgt sein, dass jeder auf dieser Welt genug vom Kuchen kriegt, so können wir auch nicht darauf vertrauen, irgendwann einmal selig zu werden. Man könnte auch vom „Glücklichsein“ sprechen, denn das zeigt uns die Realität tatsächlich auf: Die Ärmsten sind oft die, die sich am Wenigen erfreuen, während die Reichen gar keinen Grund mehr finden, sich als frohe Menschen anzusehen. Der Überfluss lässt sie abstumpfen, er lässt ihr Herz erkalten! Das ist in Wahrheit armselig – und eine viel größere Strafe als eine, die wir mit unseren Emotionen herbeisehnen würden, wenn wir die Gier ertragen müssen, die uns durch das Verhalten der obersten Schichten offenbart wird.

Gott verweist auf die Zukunft und gibt uns Hoffnung, noch nicht aufzugeben. Er weiß darum, dass der „Gerechte in Ewigkeit nicht wanken“ wird (Psalm 55,23). Und damit meint er jene, die das Herz des Nächsten ansehen. Die Barmherzigkeit zeigen, nicht Mitleid, sondern Wertschätzung für jeden Anderen auf der Welt. Und dazu gehören die, die heute leiden müssen. Ihre Dankbarkeit ist riesig für jeden einzelnen Brotkrumen, ihre Offenheit reicht bis weit über die Tore des Himmels hinaus, denn sie wissen tatsächlich darum, was Gerechtigkeit Gottes bedeutet: Es ist die Liebe zu sich und zu meinem Nachbarn, die uns auch dann trägt, wenn wir körperlich und seelisch unter Mangel leiden. Zufrieden ist der, der seinen letzten Hemdzipfel dem gibt, der in guten Kleidern daherkommt, weil er damit Gutes bewirkt hat.

Die Gesten der Gerechtigkeit, sie sind auch auf unserer Erde so zahlreich. Viel zu oft blicken wir auf die Untaten mancher Schönen und Reichen. Dabei sind es die Gerechten, auf die wir unser Augenmerk legen sollten. Es gibt sie tatsächlich: Der Mann, der die ältere Dame die Straße queren lässt, obwohl alle anderen Autofahrer vorbeirasen. Die Frau im Supermarkt, die von sich aus noch ein Stück Wurst oben auf packt und uns dabei ein freundliches Lächeln zuschickt. Unser Vater oder unsere Mutter, die aus dem Nichts heraus wieder einmal feststellen: „Ich hab‘ dich lieb“. Nein, das hilft dem Waisen in der Wüste nicht weiter, doch vielleicht findet er den Mut, sich auf Eckart Brückens Worte aus 1982 einzulassen: „Gott will mit uns die Erde verwandeln. Wir können neu ins Leben gehn“. Doch dazu braucht er die, die die Kraft dazu haben. Er braucht die Gerechten unter denen, die Wohlstand gering schätzen und doch die Ressourcen mitbringen für das, was in Strophe 3 des Kirchenliedes nämlich auch zu lesen ist: „Gott gab uns Hände, damit wir handeln“.

Ja, handeln wir für die, die keine Stimme haben in dieser ungerechten Welt von Menschen, unter denen sich zu viele befinden, denen egal ist, wie erfüllt ihr Leben eigentlich sein könnte. Die meinen, dass sie in ihrem jetzigen Materialismus schwelgen können und davon froh werden. Die aber nie dorthin kommen werden, wohin es viele Arme schon geschafft haben: In den Zustand von Glückseligkeit, weil sie niemandem trachten, sondern trotz ihres Nichts noch dankbar dafür sind, einfach da sein zu dürfen. Und sie wissen auch: „Der Mensch lebt nicht vom Brot allein“, so steht es in Matthäus 4,4. Aber natürlich brauchen wir das Brot, unser tägliches Brot, um über die Runden zu kommen und nicht zu verhungern. Doch vertrauen wir darauf, was der Nachsatz sagt, dann trägt uns die Aussicht auf die Offenbarung nach einer besseren Welt vielleicht doch noch ein Stück weiter als nur mit einem leeren Magen:

„… sondern von einem jeglichen Wort, das durch den Mund Gottes geht“.

Gottes Worte sind nicht nur eine Durchhalteparole. Sie sind auch eine Bestätigung für die, die die Tragweite von Gottes Frieden zu schätzen wissen. Dieser kommt denn nur jenen zu, die ruhig schlafen können, weil sie reinen Gewissens sind.

Nicht die, die schlummern, weil sie neuerlich ausgebeutet und sich neue Millionen angehäuft haben. Ihre Alpträume werden später einmal wachrütteln und dann profitieren die, die heute so hilflos dasitzen, zurückgelassen und ängstlich vor dem Morgen. Gott hat uns in die Welt gestellt, um Gutes zu tun. Wir sollen nicht nur von seiner Gegenwart verkünden, nein, wir sollen gerade auch in unserer westlichen Welt aktiv werden:

Ob in Globalisierungsorganisationen, in Menschenrechtsvereinen, im Parteiergreifen für den Einzelnen, von dessen Armut und Hunger wir wissen – und vor allem mit den kleinen Maßnahmen, mit denen wir Not vermeiden können, mit unserem Konsum, mit unserem ökologischen statt ökonomischen Dafürhalten.

Aus diesem Engagement wird eine Welle entstehen, die auch die umhaut, die sich heute noch auf festem Grund vermuten. Sie werden merken, dass es einsam werden kann, in Gottes Reich ausgeschlossen zu sein. „Der Frevler Arbeit bringt trügerischen Lohn“, denn sie vermuten sich nur heute in Sicherheit. Was Sprüche 11,18 da andeutet, das geht noch weiter: „… aber wer Gerechtigkeit sät, hat sicheren Gewinn“. Ja, „Ehrlichkeit währt am längsten“, so dürfen wir die Hoffnung umschreiben, die aus Gottes Wort hervorgeht, wenn wir nach Gerechtigkeit fragen. Wir verstehen sein Tun nicht immer sofort, seine Zurückhaltung im Eingreifen. Doch hinter all dem steckt die tiefe Entschlossenheit, denen eine gesicherte Perspektive zu versprechen, die sich nicht anziehen lassen von den irdischen Süchten und Sünden aus Geld und Pomp.

Jürgen Henkys fasst es im Kirchenlied „Gib Frieden, Herr, gib Frieden“ in Strophe 4 zusammen: „Gib Mut zum Händereichen, zur Rede, die nicht lügt, und mach aus uns ein Zeichen, dafür, dass Friede siegt“.

Um Himmels Willen keine Höllenqualen!

Zwischen Himmel und Hölle, irgendwo dort wird sich entscheiden, wo wir nach unserem Ableben die Ewigkeit verbringen werden. In einem Paradies, in dem „Milch und Honig" fließen – oder im Fegefeuer, dort, wo gerichtet wird und der Eintritt in die ständige Verdammnis nicht weit ist.

Glauben wir heute noch an die Geschichten, die uns oftmals in Kindestagen erzählt wurden, um uns zu disziplinieren, um aus uns gute Menschen zu machen, als Drohung vor dem „bösen Teufel", dem Gegenspieler des „lieben Gottes", der uns lässt Qualen erleiden für unsere Sündhaftigkeit auf Erden?

Vor ein paar Jahren fragte mich ein Junge während der Hausaufgabenbetreuung, ob er denn in die Hölle käme, weil er letztens bei Rot über die Ampel gegangen sei. Ob er es absichtlich getan habe und ob es ihm leid tue, fragte ich ihn danach. Ja, er versicherte, dass es nur ein Versehen war und er künftig besser aufpassen wolle. Ein typisches Beispiel für Sühne.

Er bereute, einen Fehler gemacht zu haben, er sah ein, dass etwas falsch war an seinem Verhalten. Nicht jeder von uns kann behaupten, so aufrichtig durch die Welt zu gehen. Eine kleine Lüge hier, eine andere Beichte dort – wie ernst meinen wir es mit unseren Bekundungen, mit der Bitte um Verzeihung?

Davon wesentlich abhängig wird sein, wo wir schlussendlich landen. Fegefeuer oder himmlische Heerscharen – ich glaube, wir dürfen nicht allzu wörtlich nehmen, was uns da auch schon in biblischen Worten suggeriert wird. In Maleachi 3,19 wird dramatisch dargestellt, was uns erwarten könnte: „Denn siehe, es kommt ein Tag, der brennen soll wie ein Ofen. Da werden alle Verächter und Gottlosen Stroh sein".

Die Heilige Schrift arbeitet oftmals mit intensiven Bildern, um ihre Deutlichkeit zu unterstreichen. Nicht, weil mir eine andere Bibelstelle besser in den Kram passen würde, sondern weil ich sie eher verstehen kann als lautes Getöse um Feuer und Öfen, orientiere ich mich eher am Römerbrief.

Dort heißt es in Kapitel 6, Vers 23: „Denn der Sünde Sold ist der Tod; die Gabe Gottes aber ist das ewige Leben in Christus Jesus, unserem Herrn“. Wer zu Lebzeiten nicht Abstand nimmt von seinen Untaten, der kann auch nicht ehrlich in unseren Herzen bleiben. Es wird das bedauerliche Schauspiel der Vergessenheit sein, das diejenigen, die stets auf ihrer Überlegenheit und ihrem Egoismus beharrt haben, erfahren müssen. Denn wer blickt gern zurück auf die, die hochmütig waren und keine Einsicht zeigten bei dem, was sie an Sündigem taten?

Das Bild von Himmel und Hölle offenbart, dass wir die Chance haben, uns von falschem Verhalten zu distanzieren. Nicht lapidar, sondern überzeugend vor Gott, überzeugend vor unseren Opfern, überzeugend vor uns selbst. Diese Bußfertigkeit ist nicht leicht zu erlangen, sie muss oftmals erwachsen auf dem Boden des Jammerns im Selbstmitleid.

Umkehr, dazu lädt uns auch Johann Friedrich Ruopp in seinem Kirchenlied „Erneure mich, o ewigs Licht“ von 1704 ein.

In der zweiten Strophe hält er deutlich fest, was es braucht, um sich nach einer Missetat grundständig zu wandeln: „Schaff‘ in mir, Herr, den neuen Geist, der dir mit Lust‘ Gehorsam leist‘“. Es braucht eine neue Grundeinstellung, mit der wir durchs Leben gehen, wenn wir darauf hoffen wollen, an einer dauernden Ausgrenzung nach unserem irdischen Dasein vorbeizukommen. Reue allein nutzt uns nichts, es muss uns Spaß machen, wieder ein rechtschaffender Mensch zu werden. So, wie Gott sich uns vorstellt, so sollen wir werden, damit wir auf Ewiges Leben vertrauen können.

Doch was ist Sünde, wann begehen wir wirkliche Fehler? Gott hat uns ein gutes Grundgefühl gegeben, selbst einzuschätzen, was wir richtig und falsch machen. Es ist nicht der Normenkatalog der Kirche, die uns aufschreibt, wann wir die Grenze zur Verfehlung erreicht haben. Wir können auch nicht handeln, die Zeit des Ablasses ist vorbei. Denn bereits Luther hat erkannt, dass nur die ehrfürchtige Buße Wirkung zeigt, um Ruhm auch noch nach dem Tode erlangen zu können.

Dass wir moralisch nicht erst zu Sündern werden, wenn das Strafgesetzbuch es vorsieht, das wissen wir heute allemal. Deshalb ist es immer gut, in sich hinein zu hören, ob das, was wir gerade tun, Gott gefallen würde. Der Gehorsam, den wir nach Ruopp Gott gegenüber leben sollen, er ist ein sicherer Hinweis dafür, wann wir in der „Hölle schmoren" werden, wann wir also aus dem Geiste der Mitmenschen abhandenkommen, wann unser Name, unser Sein für immer in der Dunkelheit von Vergangenheit und dem Abgeschriebenwerden verschwinden wird.

Viele werden sich darum keine Gedanken mehr machen, denn sie leben nach ihrer Ansicht nur ein Mal. Es sind die Sünder, die uneinsichtig durch die Welt gehen – und die schon zu Lebzeiten Schwierigkeiten haben werden, in Gesellschaft und Gemeinschaft Anklang und Anerkennung zu finden. Hölle bereits im Diesseits, das ist möglich, solange wir rücksichtslos und ohne Bedenken über jegliche Mahnungen und Warnungen hinweggehen. Verantwortlich sind wir letztlich nur für unser eigenes Wohl.

Doch wir können im Glauben an einen Himmel, an einen Nachhall unserer Lebensgeschichte auch ohne Memoiren und Vita, Beispiel sein dafür, dass es sich lohnt, einen Lebensstil zu verändern. Nicht nur, weil wir damit die Aussicht haben, auch nach dem Tod noch im Bewusstsein der Welt zu sein, sondern weil es sich schon zu Zeiten unseres jetzigen Lebens auszahlt, als soziales Wesen um das Feingefühl der Fehltritte zu wissen. Himmel und Hölle beginnen heute und hier. Jeder hat die Wahl, selbst zu entscheiden. Gott lädt ein, in der Vernunft des Guten zu wandeln. „Ein reines Herz, Herr, schaff in mir, schließ zu der Sünde Tor und Tür“ (Heinrich Georg Neuss, 1703).

„Jesus ist kommen“ – ob mit oder ohne Jungfrau...

Maria war eine Jungfrau. Oder vielleicht doch nur eine junge Frau? Bis heute streiten sich Historiker, Theologen und vielleicht auch Biologen über die Frage, ob es stimmen kann, was uns Schrift und Kirche da über die Mutter Jesu vermitteln wollen. Doch seien wir ehrlich: Wie wichtig ist es tatsächlich, ob Maria den Sohn Gottes nun als Jungfrau gebar – oder ob es auf ganz natürlichem Wege geschah, ohne, dass wir davon heute wissen? Tatsächlich ist die Überlegung dann von großer Bedeutung, wenn wir die Jungfräulichkeit Marias auch mit der Unbefleckheit in Verbindung bringen, mit der Überzeugung, dass Jesus der einzige Mensch war, der jemals ohne Erbsünde zur Welt gekommen ist. Für den weiteren Verlauf könnte das eine große Rolle spielen, denn: Kann nicht nur der, der selbst ohne Sünde ist, die Menschheit von ihren Verfehlungen befreien?

Wir sind durch unsere Geburt, aus der Verschmelzung von Eizelle und Spermium, mit der Todsünde belastet. Wir kommen auf die Welt – und sind schon deshalb nicht ohne Fehl und Tadel, weil Adam und Eva im Paradies der Verlockung erlegen sind und die Menschheit fortwährend die Strafe für diese Sündhaftigkeit ertragen muss. Ungerecht, so scheint es, aber in der christlichen Lehre durchaus ein Bildnis, das sich vielerorts durchgesetzt hat.

Maria spielt dabei eine bedeutende Figur, denn empfing sie Jesus tatsächlich jungfräulich, so hätte sie den Bann der Erbsünde durchbrochen, so wäre Jesus frei davon und könnte auch dem Rest der Welt endlich die Last nehmen, die auf ihr liegt. Nicht allein die Sünden aus dem Paradies, die wir nur stellvertretend für die Torheit der beiden ersten Menschen mit uns schleppen, sondern auch die, die wir in unserem Leben selbst so angesammelt haben.

Wäre es aber nicht viel authentischer, wenn gerade derjenige uns von unseren Sünden losreißen würde, der genauso auf die Welt kam wie wir, der nicht nur das Kreuz auf seinen Schultern tragen musste, sondern auch dieselbe Sündhaftigkeit wie wir alle?

Warum muss ein König, wieso muss der Sohn Gottes von einer Jungfrau auserkoren werden, wie Martin Luther es in seinem Weihnachtslied „Vom Himmel hoch, da komm ich her“ schreibt? Es bedarf dieses Konstrukts für die Erfüllung der Schrift, mehr aber auch nicht. Für die eigentliche Botschaft spielt die Jungfräulichkeit Marias keine wesentliche Bedeutung. Denn Jesus hat uns die Sünden genommen, weil er am Kreuz gestorben ist – nicht, weil er von einer Mutter geboren wurde, die zu ihrem Kinde kam wie vom Regen in die Traufe.

Das Bild der Jungfräulichkeit brachte Maria in große Schwierigkeiten, denn niemand konnte ihr wirklich den passenden Vater zum Kind zuordnen – bis, ja bis deutlich wurde, dass es nicht ein „normales“ Kind werden würde, das da auf die Welt kommt. Es ging auch hier nicht um Maria an erster Stelle, sondern um den Sohn Gottes, der „ist geborn eu’r Fleisch und Blut, eu’r Bruder ist das ewig Gut“, so schrieb Luther in EG 25. Das ist die wahre Aussage des Weihnachtsfestes, das wir feiern, weil wir nun endlich darum wissen, dass Gott einer von uns ist.

Aufgehoben ist die Distanz zwischen einem unpersönlichen Gott in der Ferne und den Menschen auf Erden, die alle möglichen Projektionen eines Herrschers im Kopf haben – nur nicht die eines solchen, der genau gleich aussieht wie sie selbst. Gerade, weil Jesus uns als Mensch so nahe ist, wäre es absurd zu glauben, er bräuchte eine Tadellosigkeit, um uns zu erlösen. Nein, er bedarf der Beflecktheit, die auch wir an uns haben. Wir sollten nicht nur das Bild des Vorbildes in uns tragen, das uns einen Menschen vor Augen führt, der sich von Wunder zu Wunder die Anerkennung seiner Jünger und Anhänger erkauft hat. Jesus fiel durch seine Einfachheit auf – und bestach doch durch seine Geradlinigkeit.

Besonders, weil er oftmals nicht das machte, was in den Vorurteilen der damaligen wie der heutigen Zeit richtig gewesen wäre, weil er oppositionell war zu mancher Meinung derer, die damals die Weisheit für sich proklamiert hatten, erstaunte er und ließ Bewunderung für ihn wachsen. Doch warum maßen wir uns an, davon zu sprechen, dass sein Leben eines der völligen Sündenlosigkeit war?

Es wird keinem Menschen gerecht, ihn zu überhöhen. Auch Jesus ist nicht Gott gleich. Er ist der Sohn, er bringt uns die Allmacht seines himmlischen Vaters näher. Ob Josef oder ein ganz anderer Mann nun hinter der Schwangerschaft stand oder tatsächlich etwas passierte, was im Tierreich vielleicht gängig sein mag, für den Menschen aber als wundersam gilt, das wissen wir nicht. Und wir müssen es auch nicht wissen. Denn Jesus verliert nichts von seinem Antlitz, wenn wir wüssten, dass auch er einen leiblichen Vater besitzt. Und auch dann nicht, wenn er die gleiche Erbsünde in sich trägt wie wir alle. Völlig unangetastet davon bleibt die Frage, ob diese Todsünde von Gott eigentlich derart gedacht ist, wie uns das die Kirchen heute weißmachen wollen. Aber das wäre ein anderes Thema.

Der Glaube fasziniert dadurch, dass er nicht alles erklärt, sondern Offenheiten lässt für die Exegese. Wir mögen davon überzeugt sein, dass die Jungfrau Maria gerade in der katholischen Kirche durch ihre Einzigartigkeit, ein Kind trotz Enthaltsamkeit überkommen zu haben, verehrt werden muss.

Wir dürfen aber gleichsam auch daran festhalten, dass Maria dieses Kind zur Welt brachte, völlig losgelöst von der Fragestellung, wie es zur Schwangerschaft kam. Im Endeffekt war es der Heiland, der uns geschenkt wurde. Mit seiner Größe überdauert er manch ein Kleinklein, in dem wir uns aus Gründen von Dogma und Lehre verstricken. Richten wir unser Augenmerk auf die Aussendung, die Johann Ludwig Konrad Allendorf 1736 bereits aufschrieb: „Jesus ist kommen, Grund ewiger Freude; A und O, Anfang und Ende stehen da! Gottheit und Menschheit vereinen sich beide; Schöpfer, wie kommst du uns Menschen so nah!“.

Auferstehung: der Nachklang des Lebens...

Glauben Sie tatsächlich an die Auferstehung? Puh, ja, was soll man da sagen? Mich fragte kürzlich erst wieder ein Mitchrist, der in große Zweifel darüber gekommen war, ob das den wirklich so passiert sein könne, wie uns die Schrift es verheißt. Nun ja, so viel sagt sie uns gar nicht, sondern sie lässt – wie so oft – den nötigen Spielraum für Interpretationen. Denn das ist die Kunst des Glaubens: Botschaften zu senden, ohne, dass sie eine eindeutige, eine für jeden gültige Erklärung haben müssen. Er könne sich viel eher vorstellen, so sagte mein Kollege, dass Jesus gar nicht tot war. Man hätte doch damals gar nicht die Möglichkeiten gehabt, um endgültig festzustellen, ob der Tod eingetreten sei – oder eben nicht. Schlussendlich war das Grab leer – und Jesus schlichtweg „abgehauen“.

Überrascht war mein Freund dann aber, als ich sagte: „Ja, so glaube ich das auch“. Entsetzt blickte er mich an: „Aber du bist doch so ein gläubiger Christ. Muss für dich hinter der Auferstehung nicht ein Wunder stecken?“. Nein, das muss es nicht. Kirchen suggerieren uns oftmals, dass es bedeutsame Ereignisse bräuchte, um das Alleinstellungsmerkmal einer Religion verteidigen zu können. So, wie die wundersame Auferstehung eines Menschen vom Tod. Dabei frage ich mich – wie bei vielen anderen Beispielen aus dem christlichen Glauben auch –, was sich tatsächlich ändern würde, wenn Jesus „nicht richtig tot“ war, was wäre anders, wenn er vielleicht „nur“ wiedererwacht wäre?

Für mich tut sich nichts an der Faszination der eigentlichen Aussage, die hinter diesem trotz – und gerade wegen – aller rationalen Einwände unglaublichen Moment steht. Wir dürfen nicht verzagen. Mit dem Tod ist nichts vorbei. Das Leben mag irdisch beendet sein, doch was bleibt, das ist viel mehr. Die Ewigkeit, für mich ist sie nicht die Verheißung auf ein Danach im Jenseits, sondern das Wissen darum, dass wir auf dieser Welt nicht vergessen werden. Auch dann nicht, wenn wir im Grab verschwinden. Jesus hat es uns vorgemacht: Nach 2000

Jahren sprechen wir über ihn, laben uns an den Geschichten, die über sein Leben erzählt werden, welches uns antreibt, in seine Nachfolge einzutreten. Auch wir haben unser Leben nicht umsonst gelebt.

Viel eher zeugt die Auferstehung davon, dass wir in das Gedächtnis der Menschen zurückkehren. Dass wir ihnen wahrlich nochmals und immer wieder erscheinen mit dem, was wir hinterlassen – an Werken, an Taten, an Gedanken, an Gefühlen. Die Spuren, die wir auf die Erde gesetzt haben, sie werden wahrlich erst sichtbar, wenn wir den Weg freigeben. Nach unserem irdischen Dasein wird die Saat dessen aufspringen, was wir gesät haben während unserer menschlichen Existenz. Nein, ich glaube nicht, dass wir leibhaftig wieder vor unseren Lieben stehen. Aber ich bin fest davon überzeugt, dass nach unserem Leben viel zurückbleibt. Es war zwar die Sensation des leeren Grabes, die wir gerade in Zeiten der Medien, die nur so auf prominente Schlagzeilen anspringen, verstehen können als das, was sich die Menschen damals vorrangig erzählten.

Martin Gotthard Schneider dichtete 1975 in seinem Kirchenlied „Eine freudige Nachricht breitet sich aus“ aber mehr, nämlich genau das, was Kern der Auferstehungsgeschichte ist. Es ist die Aussage, die hinter einem zurückgelassenen und weggerollten Stein verborgen ist. Nicht die Sorge, das Entsetzen, der Unglaube, aber vor allem auch die Freude derer, die Jesus anhingen, allein ist es, die die Überraschung so perfekt macht. Sondern es ist das, was der Kehrvers besagt: „Menschen lebten enttäuscht und verzagt, keiner, der noch zu hoffen gewagt“. Wenn der Tod eines lieben Angehörigen uns übermannt, dann sind wir trostlos. Dann fehlt uns der Mut, nach vorne zu blicken. Denn wie soll es ohne ihn weitergehen? Besonders bei den Jüngern Jesu war die Verzweiflung groß, was denn ohne ihren Meister nun geschehen soll.

Und dann kommt diese Nachricht, dass Jesus nicht tot sein kann. Sondern: dass er lebt. Er lebt weiter. Auch dann, wenn wir Menschen totgeglaubt haben, sind sie noch immer unter uns. Nicht lebendig, aber in unserem Empfinden, in unserer Wahrnehmung, in unserer Erinnerung.

Welche Aussicht muss das für die sein, die keinen Platz gelassen haben in ihrem Herzen für all die Abdrücke des Schönen und Guten eines Menschen, weil sie mit seinem Tod auch sein Leben abschließen. Dabei liegt es auch maßgeblich an denen, die uns überdauern, was sie aus unserem Andenken machen. Auferstehung – sie wird wesentlich praktiziert von denen, die uns schon zu Lebzeiten nahe oder fern waren, die eine Beziehung zu uns hatten, in welcher Art und Weise auch immer.

Biblisch fasst es der 1. Petrusbrief, Kapitel 1, Vers 3 passend zusammen: „Gelobt sei Gott, der Vater unseres Herrn Jesus Christus, der uns nach seiner großen Barmherzigkeit wiedergeboren hat zu einer lebendigen Hoffnung durch die Auferstehung Jesu Christi von den Toten“. Wir werden neu geboren, denn die Andenken der Menschen an uns werden besonders sichtbar mit unserem irdischen Ableben. Die Auferweckung steht sinnbildlich für die Wiederaufnahme, für die Reminiszenz von Worten, Gedanken und dem Handeln, durch das wir uns in die Köpfe unserer Umwelt eingebrannt haben.

Wenn all das offenbar wird, wenn wir weiterleben im Alltag derer, die wie Martin Gotthard Schneider nicht zu träumen gewagt hatten, dass Jesus einmal zurückkehren würde: „Und wer es hörte irgendwann, die Nachricht, die viele Menschen gewann, für den fing ein neues Leben an“.

Gerade für die, die zurückbleiben auf Erden, ist es eine Botschaft des Heils: Wir müssen uns nicht ängstigen vor einem schwarzen Loch, in dem wir untergehen mit all dem, was wir geschaffen haben, mit dem materiellen und vor allem dem immateriellen Gedächtnis, wir werden viel eher wiederkommen. Gerade dann, wenn uns niemand erwartet, dann wird die Rückschau einsetzen auf das, was wir hinterlassen haben. Es wirkt, als wäre es eine Impression aus dem Moment, aus der Gegenwart heraus, wenn unser Lebensabriss nachklingt. Es kann ein Trost sein, zu wissen, dass wir in der Retrospektive allgegenwärtig sein werden. Bei Jesus war die Wiederkunft so lebhaft, dass die Menschen tatsächlich dachten, ihn wieder unter sich zu haben. Das ist möglich, auch bei uns.

Bibliografische Information der Deutschen Nationalbibliothek: Die Deutsche Nationalbibliothek verzeichnet diese Publikation in der Deutschen Nationalbibliografie; detaillierte bibliografische Daten sind im Internet über dnb.dnb.de abrufbar.

Herstellung und Verlag:
BoD – Books on Demand, Norderstedt

ISBN: 978-3-7534-2627-3

www.ingramcontent.com/pod-product-compliance
Ingram Content Group UK Ltd.
Pitfield, Milton Keynes, MK11 3LW, UK
UKHW021934190726
13853UKWH00004B/1435